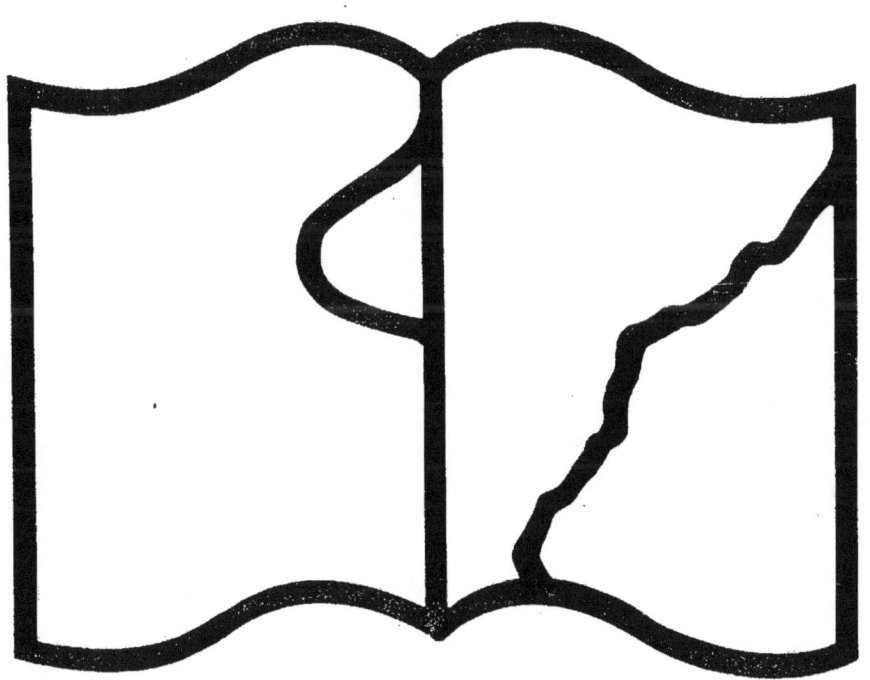

Texte détérioré — reliure défectueuse

NF Z 43-120-11

PAUL LAFOND

ALFRED DE VIGN

EN BÉARN

AVEC PORTRAITS A L'EAU-FORTE ET DESSINS

> O montagnes d'azur ! O pays adoré,
> Rocs de la Frazona, cirque du Marboré,
> Cascades qui tombez des neiges entraînées,
> Sources, gaves, ruisseaux, torrents des Pyrénées !
>
> Monts gelés et fleuris, trône des deux suisons,
> Dont le front est de glace et le pied de gazons !
> C'est là qu'il faut s'asseoir, c'est là qu'il faut entendre
> Les airs lointains du cor, mélancolique et tendre.
>
> *Le Cor.* — Pau. 1825.   ALFRED DE VIGNY

PARIS

ÉDITION DE L' « ERMITAGE »

EN DÉPOT CHEZ CHARLES

8, RUE MONSIEUR - LE - PRINCE

1897

ALFRED DE VIGNY

EN BÉARN

ÉTAMPES. -- IMPRIMERIE G. ENARD & Cie

PAUL LAFOND

ALFRED DE VIGNY

EN BÉARN

AVEC PORTRAITS A L'EAU-FORTE ET DESSINS

> O montagnes d'azur ! O pays adoré,
> Rocs de la Frazona, cirque du Marboré,
> Cascades qui tombez des neiges entraînées,
> Sources, gaves, ruisseaux, torrents des Pyrénées !
>
> Monts gelés et fleuris, trône des deux saisons,
> Dont le front est de glace et le pied de gazons !
> C'est là qu'il faut s'asseoir, c'est là qu'il faut entendre
> Les airs lointains du cor, mélancolique et tendre.
>
> *Le Cor.* — Pau, 1825.   ALFRED DE VIGNY

PARIS

ÉDITION DE L' « ERMITAGE »

EN DÉPOT CHEZ CHARLES

8, RUE MONSIEUR - LE - PRINCE

1897

Gigoux del. P. Lafond. sculpt.

A. DE VIGNY

ALFRED DE VIGNY

EN BÉARN

> O montagnes d'azur ! O pays adoré,
> Rocs de la Frazona, cirque du Marboré,
> Cascades qui tombez des neiges entraînées
> Sources, gaves, ruisseaux, torrents des Pyrénées !
>
> Monts gelés et fleuris, trône des deux saisons,
> Dont le front est de glace et le pied de gazons !
> C'est là qu'il faut s'asseoir, c'est là qu'il faut entendre,
> Les airs lointains du cor, mélancolique et tendre.
>
> ALFRED DE VIGNY.
Le Cor. — Pau 1825

S'il est un poète auquel le temps, ce patient niveleur, n'ait rien enlevé de sa gloire, c'est bien Alfred de Vigny. Il est de ces rares esprits qui n'ont qu'à gagner au jugement de la postérité. Son œil lucide a vu au delà des espaces, allant vers les clartés immatérielles et divines, ce qui fait qu'il demeurera éternellement jeune. Planant au-dessus des misères et des petitesses humaines, il a entrevu l'avenir. Aussi, les penseurs l'accueilleront dans leur république idéale ; les représentants des nouvelles écoles philosophiques lui ouvriront leurs bras.

L'aîné des poètes de ce siècle, puisque ses premiers vers ont précédé ceux de Lamartine et de Victor Hugo, le plus grand par la conception qu'il a eue de l'œuvre d'art, ne devant rien à aucun de ses devanciers, il en restera aussi le plus pur, le plus suave et même le plus moderne ; le seul de toute la pléiade romantique que notre nouvelle école symbolique, à laquelle peut-être est réservé l'avenir, admette et admire comme un précurseur. Il a eu beau, dédaigneux des applaudissements de la foule, s'être enfermé en plein épanouissement de force, en pleine maturité de talent, dans sa « tour d'ivoire (1) », il ne s'y est si bien enfermé que l'on ne l'y déconvrît. Quel écrivain a réalisé comme lui l'idée absolue du parfait artiste ? Existe-t-il dans la langue française beaucoup de poèmes aussi beaux et aussi parfaits qu'*Eloa* et que *Moïse* ? De recueils comparables aux *Poèmes Antiques et Modernes* et aux *Destinées ?* La place d'Alfred de Vigny est marquée bien haut et un peu à l'écart dans l'Olympe réservé aux maîtres de la pensée. Le prosateur chez lui est digne du poète. Parlerons-nous de *Cinq Mars*, de *Stello*, de *Servitude et Grandeur militaire ?* Ce livre qui devrait avoir pour épigraphe « Ave, Cæsar Imperator, morituri te salutant », est peut-être ce qui a été écrit de plus grand, de plus douloureux et de plus beau sur le soldat. Parlerons-nous de son théâtre ? A quoi bon ! Le but que nous poursuivons ici n'est pas d'écrire un nouveau volume en l'honneur d'Alfred de Vigny. D'autres se sont chargés de ce soin et s'en sont acquittés beaucoup mieux que nous ne pourrions le faire. Nos visées sont beaucoup plus modestes ; notre but est de faire simplement œuvre de chroniqueur en racontant le séjour du poète dans ce beau pays de Béarn où il a vécu quatre des plus belles et des plus brillantes années de sa jeunesse, où il s'est marié, où il a

---

(1) . . . . et Vigny plus secret,
Comme en sa tour d'ivoire, avant midi rentrait.
    SAINTE-BEUVE — POÉSIES DE JOSEPH DELORME.
            Pensées d'Août.

composé *Cinq Mars* et où il a écrit nombre de ses plus nobles poèmes.

Alfred de Vigny naquit le 27 mars 1797, à Loches, aux confins de la Touraine et du Berry, à l'ombre des murs du formidable donjon où mourut Ludovic Le Mare et où furent enfermés La Balue et Commines, dans une petite maison écartée que son père, Léon-Victor de Vigny, avait achetée à l'approche de la Révolution et dans laquelle il s'était alors retiré. Les Vigny (1), originaires de la Beauce, tenaient déjà un certain rang pendant la seconde moitié du xvie siècle. Ils menèrent néanmoins une vie simple et modeste.

Tous sans ambition, sont morts en laissant leur nom sans auréole (2), se contentant de suivre la voie de l'honneur « poussant le service militaire jusqu'au grade de capitaine, où ils s'arrêtaient pour se retirer chez eux (3) ».

Simples et satisfaits si chacun de leur race
Apposait Saint-Louis, en croix sur sa cuirasse (4).

Notre poète, le dernier de la lignée, fut un soldat comme ses pères ; mais, les dominant par la pensée, il a pu non seulement dire sans fatuité :

J'ai mis sur le cimier doré du gentilhomme
Une plume de fer qui n'est pas sans beauté (5)

(1) Les Vigny sont alliés à une vieille famille fixée depuis longtemps en Béarn, les du Pré de St-Maur, dont le chef du nom et des armes a hérité de son grand-père, le baron de Laussat, du château de Bernadets, dans le canton de Morlaas.
(2) Les Vigny portaient d'argent cantonné de quatre lions de gueules à l'écusson en abîme, d'azur à la fasce d'or, accompagné en chef d'une merlette d'or, et en pointe d'une merlette de même entre deux coquilles d'argent.
(3) *Les Destinées*.
(4) *Les Destinées*.
(5) *Les Destinées*.

mais encore dans un noble sentiment de juste orgueil que nous nous garderions bien de lui reprocher :

C'est en vain que d'eux tous, le sang me fait descendre ;
Si j'écris leur histoire, ils descendront de moi (1)

Son grand-père maternel, l'amiral de Baraudin, après avoir été chef d'escadre sous Louis XVI, fut pendant la Révolution enfermé dans les prisons de Loches, malgré son âge et ses infirmités, et eut son fils fusillé à Quiberon. Il était cousin de Bougainville et petit neveu du poëte comique Regnard.

Le père et la mère de notre poëte vinrent se fixer à Paris, aux approches de Brumaire. Ils quittaient sans regret Loches, où ils avaient perdu trois enfants en bas âge.

Arrivé au moment de commencer ses études, Alfred de Vigny fut envoyé dans une pension dirigée par M. Hix, située dans le faubourg St-Honoré, où habitait son père, et où il eut pour camarades Hérold et les frères Devéria (2). De cette pension, il suivit les cours du Lycée Bonaparte, se préparant à l'Ecole Polytechnique, avec l'intention de rentrer dans l'artillerie, quand eut lieu le retour des Bourbons.

« Nous avons élevé cet enfant pour le roi », écrivit alors Mme de Vigny au ministre de la guerre, en demandant pour son fils un brevet de sous-lieutenant dans les gendarmes de la Maison Rouge. Ce brevet fut obtenu sans trop de difficulté, et Alfred de Vigny, à peine âgé de 17 ans, entra le 1er juin 1814, dans les compagnies rouges où il eut pour

(1) *Les Destinées.*
(2) *Eugène Devéria*, par PAUL LAFOND (*Bureaux de l'Artiste*).

camarade le peintre Géricault. La même année, Alphonse de Lamartine entrait dans les gardes du corps. Vinrent les Cent-Jours ; mais laissons la parole à Alfred de Vigny : « Un cheval me casse la jambe ; boitant et à peine guéri, je pris la déroute de Louis XVIII, jusqu'à Béthune, toujours à l'arrière-garde et en face des lanciers de Bonaparte » (1) dit-il dans son *Journal* qu'il commença à écrire en arrivant en Béarn. Son régiment fut licencié dès l'arrivée du roi à Gand, pour être rétabli le 8 juillet 1815, au second retour du monarque ; puis enfin, définitivement supprimé six mois plus tard, le 31 décembre 1815. Deux mois après, en mars 1816, notre jeune officier entra avec son grade, dans la garde à pied, où il eut pour camarades Taylor (2) et Cailleux (3). Au bout de six ans, en juillet 1822, il fut promu lieutenant dans le même régiment qui ne s'écartait guère de Paris, puisque ses principales garnisons furent alors tour à tour Versailles, Vincennes et Courbevoie. A Vincennes, Alfred de Vigny écrivit *La Prison*, à Courbevoie, le *Trappiste* (4), poèmes d'une inspiration si sereine et si haute. C'est de cette commune suburbaine qu'il vint un jour à Paris, chercher Victor Hugo et Emile Deschamps (5) avec lesquels il était déjà lié, pour

(1) *Journal d'un Poète.*
(2) Taylor (Isidore-Sévérin-Justin baron), voyageur, littérateur et philanthrope, membre de l'Institut, né à Bruxelles le 15 Août 1789, mort à Paris le 6 septembre 1879.
(3) Cailleux (Alexandre-Achille-Alphonse de), artiste peintre, membre de l'Institut, directeur général des Beaux-Arts, né à Rouen le 31 décembre 1788, mort à Paris le 24 mars 1876.
(4) *Poèmes Antiques et Modernes.*
(5) Le père d'Alfred de Vigny étant lié de longue date avec le père d'Emile et d'Antony Deschamps, il est tout naturel que les fils le fussent à leur tour.

les mener déjeuner avec lui à la table des officiers de son régiment et que, par suite d'une gageure, tout le long de la route, dans la voiture qui les conduisait, ils ne parlèrent qu'en vers, au complet ahurissement du cocher qui les prit tous trois pour des hallucinés (1).

Dans les premiers jours de l'année 1823, Alfred de Vigny entra au 55me de ligne, alors en garnison à Strasbourg, comme capitaine, à l'ancienneté. C'est là-bas, dans les montagnes des Vosges, qu'il composa son immortel chef-d'œuvre d'*Eloa* dont le Satan, au dire de Barbey d'Aurevilly, aurait rendu Milton jaloux. C'est de Strasbourg, avant de partir pour les Pyrénées, qu'il envoie son poème d'*Eloa*, à Victor Hugo, en le chargeant de le publier.

Sur ces entrefaites, c'était alors la guerre d'Espagne, le régiment reçut l'ordre de se mettre en marche pour Bordeaux. Notre nouveau capitaine ne se sentit plus de joie, comme le prouve la lettre écrite alors par lui à Adolphe de St-Valry (2), avec lequel il s'était lié à la rédaction de la revue, *La Muse Française* : « Aujourd'hui, lendemain du jour de ma naissance, » dit-il, « vient de m'arriver ce nom de capitaine, auquel semble seulement commencer les grandes choses de la guerre, et qui le premier, donne un peu de liberté et quelque puissance. Avec ce grade, m'est arrivée la nouvelle que j'irai en Espagne quand le régiment sera complet. Ainsi je mérite vraiment toutes vos félicitations, puisque je me vois certain de faire cette guerre à la Du Guesclin, et d'appliquer aux actions, les pensées que j'aurais pu porter dans des méditations solitaires et inutiles. »

(1) *Victor Hugo raconté par un témoin de sa vie.*
(2) Adolphe Souillard dit de St-Valry, littérateur, né à Dreux.

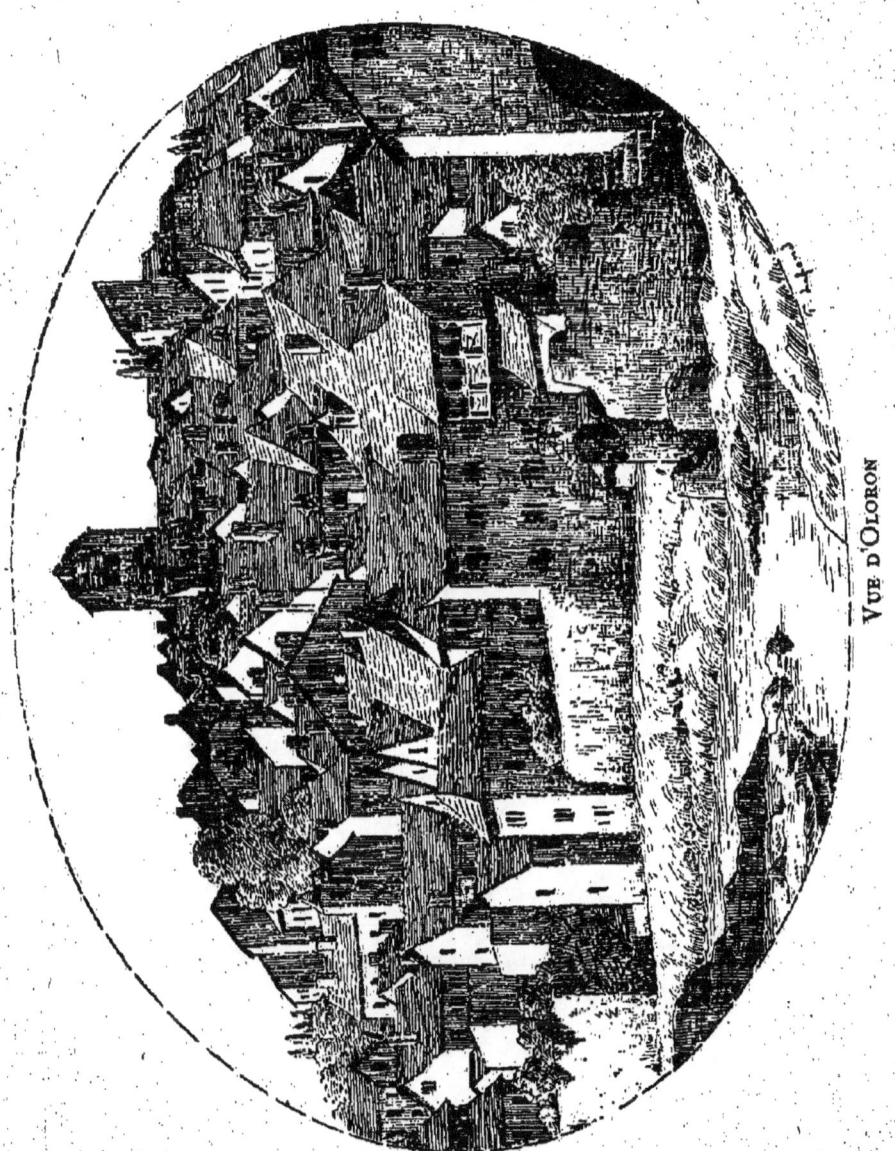

Vue d'Oloron

Nous saurons plus loin à quel point ses espérances furent trompées, mais nous saurons aussi combien ses méditations solitaires furent loin d'être inutiles et de quels chefs-d'œuvre nous leur sommes redevables. De Bordeaux, Alfred de Vigny alla à l'île de Ré, revint à Bordeaux où il ne resta guère, car, presque aussitôt, un nouvel ordre du ministère l'envoya à Orthez, dont le vicomte Gaston VII fit un moment la capitale du Béarn, pittoresquement dominée par son donjon heptagone, qui vit l'agonie du fils de Gaston-Phœbus, narrée d'une façon si touchante par le vieux Froissard dans ses chroniques naïves. La tour centrale de son vieux pont gothique, à arches inégales, conserve aussi le souvenir des malheureux prêtres précipités de ses fenêtres dans les eaux profondes du Gave, par les farouches soldats du farouche Montgommery, parce qu'ils refusèrent noblement de se soumettre à la doctrine du terrible et bilieux Calvin.

Quoique le régiment fût bien nominativement en garnison à Orthez, il envoyait des détachements dans plusieurs villes du département. C'est ainsi qu'Alfred de Vigny et sa compagnie allèrent résider à Oloron.

Ce fut pour lui un ravissement de parcourir cette merveilleuse contrée si accidentée et si grandiose, aux horizons infinis, qui sépare Orthez d'Oloron. Le trajet fut franchi en deux étapes : avec son détachement, il alla passer la nuit dans la ville forte de Navarrenx aux hautes murailles et aux profonds fossés remplis d'eau. Cet appareil d'antique forteresse, de cette place dont le nom revient à chaque page dans l'histoire des guerres religieuses du Béarn, cet appel des clairons, les portes baissées, les herses levées à leur arrivée, tout cela l'intéressa grandement, comme tous les souvenirs de ce passé dans lequel il aimait tant à se plonger.

De Navarrenx, le lendemain, après avoir traversé le Gave qui enserre la ville, sur un pont ancien du plus pittoresque effet, par cette charmante route, parsemée de villages si rapprochés les uns des autres que l'on dirait plutôt une longue rue verdoyante de faubourg, il arriva à l'antique cité de Centule. C'est avec ravissement qu'après avoir admiré la ville épiscopale de Sainte-Marie, groupée autour de sa cathédrale romano-gothique, au porche surmonté d'une haute et puissante tour, il traversa le gave et découvrit Oloron, avec sa vieille église romane à coupole byzantine occupant le point culminant d'un coteau, ses rues abruptes et sauvages, bordées de maisons des XIIe et XIIIe siècles étagées les unes au-dessus des autres, et ses murailles croulant de vétusté qui l'enserrent comme un corselet.

Il ne se lassa pas de ce superbe pays et, son service accompli, il s'égarait dans de longues et solitaires promenades à travers cette sauvage vallée d'Aspe, qui mène à l'Espagne. Il sut voir la majesté de ces montagnes, jouir de la grandeur de ces plateaux où « dans les beaux mois d'été, le pastour vêtu de sa cape brune et le bélier à longue barbe, conduisent les troupeaux dont la laine tombante balaie le gazon (1) » ; « ces lieux escarpés », où l'on n'entend plus « que le bruit des grosses clochettes que portent les moutons et dont les tintements inégaux produisent des accords imprévus, des gammes fortuites, qui étonnent le voyageur et réjouissent leur berger sauvage et silencieux (2) »

Il ne fut pas moins sensible au charme attristé de

---

(1) *Cinq Mars*.
(2) *Cinq Mars*.

l'hiver, « lorsque vient le long mois de septembre (1) » et qu'un linceul de neige se déroule de la cîme des monts jusqu'à la base et ne respecte que le sentier profondément creusé, quelques gorges ouvertes par les torrents et quelques rocs de granit qui allongent leur forme bizarre comme les ossements d'un monde enseveli (2) », alors que l'on voit « accourir de légers troupeaux d'isards qui, renversant sur leur dos leurs cornes recourbées, s'élancent de rocher en rocher, comme si le vent les faisait bondir devant lui et prennent possession de leur désert aérien, tandis que l'ours brun, suivi de sa famille velue qui se joue et se roule autour de lui sur la neige, descend avec lenteur de sa retraite envahie par les frimas (3) ».

Dans cette garnison d'Oloron, au pied « de cette longue et superbe chaîne des Pyrénées qui forme l'isthme crénelé de la Péninsule (4) » en vue « de ces pyramides bleues chargées de neige, de forêts et de gazons (5) », Alfred de Vigny vivait comme nous le voyons, tant soit peu à l'écart des jeunes officiers frivoles et bavards (6), « savants sur la coupe de leur habit, orateurs de café et de billard (7) », préférant de beaucoup à leur société, la solitude ou la conversation des « vieux capitaines

---

(1) *Cinq Mars.*
(2) *Cinq Mars.*
(3) *Cinq Mars.*
(4) *Cinq Mars.*
(5) *Cinq Mars.*
(6) Aussi un officier de son régiment, peut-être de ces derniers, Gaspard de Pons, probablement originaire du Béarn où se trouve encore une famille de ce nom, a-t-il dit de lui assez méchamment : « En voilà un qui n'a pas l'air des trois choses qu'il est : un militaire, un poète, un homme d'esprit. »
(7) *Journal d'un Poète.*

froids, sévères et bons, dont le dos voûté était demeuré tel que l'avait plié le sac lourd d'habits et de munitions (1) ».

C'est de ces fréquentations avec ces vieux grognards, chez lesquels il sut voir la sublimité de leur vie de héros obscurs, toute de devoir, de stoïcisme, de noblesse, que sortit ce magnifique livre de *Servitude et Grandeur militaire.*

La solitude, nous venons de le dire, voilà ce que notre jeune capitaine préférait encore à tout. Rien de comparable pour lui à ces longues promenades qu'il faisait seul, par quelque « étroit défilé (2) », par quelque « sentier taillé dans le lit desséché d'un torrent perpendiculaire, parmi les rochers, au bord des précipices inondés (3) ». Il aimait à y suivre la trace du montagnard « à la chaussure de corde qui ne peut glisser (4) », s'aidant pour gravir les talus abrupts, du trèfle du bâton ferré qui s'enfonce dans les pentes des rochers (5) ».

A Oloron, en une nuit de l'année 1824, dans sa petite chambre d'officier, Alfred de Vigny composa entièrement et écrivit » sur une feuille de papier, le plan entier de *Cinq Mars* (6). Tout le temps qu'il resta dans les Pyrénées, il ne cessa un instant de s'occuper de ce livre, lisant à la clarté de sa lampe plus de 300 volumes et manuscrits « mal imprimés et mal écrits de toute façon (7), qu'il ne put se procurer qu'avec de grandes difficultés. Quand il eut mis en ordre tous les documents qui lui étaient

---

(1) *Journal d'un Poète.*
(2) *Cinq Mars.*
(3) *Cinq Mars.*
(4) *Cinq Mars.*
(5) *Cinq Mars.*
(6) *Journal d'un Poète.*
(7) *Journal d'un Poète.*

nécessaires, quand l'œuvre fut suffisamment mûrie, développée dans sa tête, il commença de l'écrire en 1826. D'ailleurs, il l'a dit lui-même : « Il n'y a pas de livre que j'aie plus longtemps et plus sérieusement médité. Je ne l'écrivais pas, mais partout je le composais et j'en resserrais le plan dans ma tête (1) ».

Alfred de Vigny a peut-être eu le tort, dans *Cinq Mars*, de ne pas se contenter, comme Walter Scott, d'emprunter le décor pittoresque et poétique des temps passés, pour y placer des héros imaginaires ; il a voulu, de plus, y faire mouvoir des personnages trop connus par l'histoire pour pouvoir, come il l'a fait, en altérer le caractère. Il pensait, il est vrai, que le but à poursuivre dans le roman était de dégager « le spectacle philosophique de l'homme profondément travaillé par les passions de son caractère et de son temps (2) ». Il était de cette opinion exprimée plus tard par Villiers de l'Isle-Adam, qui était bien un peu celle des anciens, que 'histoire ne doit pas être racontée telle qu'elle s'est passée, mais telle qu'elle aurait dû se passer (3).

Comme un détachement de la garnison d'Oloron était cantonné dans le fort d'Urdos, au bout de la vallée d'Aspe, tout près de la frontière, Alfred de Vigny était heureux d'avoir sans cesse à traverser ces défilés aux aspects nobles et majestueux, ce pays aux grands souvenirs historiques, qu'il a rendus avec tant de poésie et d'exactitude dans *Cinq Mars*. Il aimait à le parcourir dans tous les sens,

---

(1) Plusieurs vieux Oloronais nous ont, à diverses reprises, parlé d'Alfred de Vigny, qu'ils se souviennent d'avoir rencontré souvent se promenant, presque toujours seul, par les chemins qui entourent la ville.

(2) *Journal d'un Poète*.

(3) Villiers de l'Isle-Adam — *Contes cruels* — Duke et Portland.

tantôt s'arrêtant à Sarrance qui vit Louis XI s'agenouiller aux pieds de sa Madone miraculeuse ; tantôt à Accous, patrie du poète Despourrins, dont les *canzones* douces et tendres sont encore aujourd'hui chantées par tous les pasteurs pyrénéens ; tantôt à Lescun au pont pittoresque, à la magnifique cascade et aux rochers sauvages, où, au commencement du siècle, 5 ou 600 montagnards précipitèrent dans le torrent, à travers les rocs, 6.000 Espagnols qui avaient franchi la frontière. C'est dans une de ces excursions autour d'Urdos, dans ces belles solitudes, si près des cieux, en contemplant ces blancs tapis de neige où se joue la lumière, qu'il écrivit, à la fin de cette année 1823, son beau poème de *Dolorida* (1), d'une passion si contenue,

CHATEAU DE PAU

(1) *Poèmes Antiques et Modernes.*

d'une inspiration si haute et d'une beauté si attristée.

Si alors Alfred de Vigny eut l'ennui de rester en sentinelle sur la limite de la France et de l'Espagne, lui qui ne demandait que l'occasion de franchir les Pyrénées, pour « se signaler dans quelque combat, et, par de brillants faits d'armes, acquérir des grades supérieurs (1) » félicitons-nous-en grandement, car à cette inaction forcée, nous sommes redevables de ses chefs-d'œuvre. Ce dont nous le plaindrons, c'est comme il l'a écrit lui-même, d'avoir eu souvent à « tomber d'*Eloa* à la théorie de l'infanterie (2) ».

C'est sans doute d'Oloron, quoique nous ne puissions le certifier, qu'il faut dater cette courte pièce du poëte intitulée : « *Prière pour ma mère* (3) », d'une allure si tendre et si noble. Cette pièce écrite en septembre 1823, pendant la cruelle maladie qui avait atteint les facultés mentales de sa mère et que, par pudeur filiale, Alfred de Vigny ne voulut pas faire imprimer, a été recueillie dans ses papiers et insérée dans le *Journal d'un Poète*.

Son temps de séjour à Oloron étant passé sans que l'ordre fût venu à sa compagnie de rejoindre l'armée d'occupation en Espagne, Alfred de Vigny retourna à Orthez, qu'il quitta de nouveau au bout de quelques mois pour venir à Pau. Le 11 juin 1824 le régiment s'éloigna de la ville de Gaston-Phœbus dès les premières heures de l'aurore, au son du tambour, le colonel M. de Fontanges en tête, chaque capitaine, et Alfred de Vigny était du nombre, en avant de sa compagnie, et arriva le soir dans la

---

(1) *Journal d'un Poète.*
(2) *Journal d'un Poète.*
(3) *Journal d'un Poète.*

cité d'Henri IV, après avoir allègrement parcouru les neuf lieues qui séparent les deux villes, par ce merveilleux chemin en vue des Pyrénées, qui domine le Gave. Le pays enchanta notre poète : mais il n'eut guère le loisir d'en jouir, car le régiment arriva juste à temps à Pau pour assister et prendre part à une importante solennité, où les témoignages d'enthousiasme que la courtoisie béarnaise ne refuse à personne, plus particulièrement à un prince et surtout à une femme, eurent une occasion de plus de se montrer. Nous voulons parler de la visite de la duchesse d'Angoulême, annoncée depuis quelque temps déjà, qui arriva dans la patrie de son aïeul, Henri IV, le vendredi 27 juin, vers 3 h. 1/2 de l'après-midi, venant de Bayonne, escortée par un peloton de gendarmerie qui entourait sa voiture et celle de sa suite. A l'entrée de la ville, un arc de triomphe avait été dressé, auprès duquel l'attendaient les autorités, la garde nationale à pied commandée par M. Lavielle fils (1), et la garde nationale à cheval commandée par le baron de Gayrosse (2). Le 55me de ligne faisait la haie jusqu'à l'hôtel de la préfec-

---

(1) Nicolas Lavielle, né à Pau, le 1er janvier 1808, député des Basses-Pyrénées, puis premier Président à la cour de Riom et enfin Conseiller à la Cour de Cassation, mort à Portet (Basses-Pyrénées), le 21 juillet 1874.

(2) Jean-Marie de Larborie, dernier baron de Gayrosse, né à Pau le 7 juin 1785, conseiller général des Basses-Pyrénées, mort dans la même ville le 27 mai 1858. C'était un gentilhomme dans toute l'acception du mot « honoré de tous les partis, dont le caractère noble et digne rappelle la fidélité des anciens preux, et qui perpétue parmi nous la grâce, l'esprit et l'élégance du dernier siècle » dit L. F. d'Asfeld dans ses *Souvenirs historiques du château de Pau* publiés par Pagnerre — Paris, 1841. — A. PLANTÉ : *Une grande Baronnie de Béarn* — Veuve Ribaut, Pau, 1891.

ture, où la princesse dîna et passa la nuit. Elle repartit le lendemain à 6 heures 1/2 pour se rendre à Cauterets.

Exactement un mois plus tard, la duchesse d'Angoulême repassa par Pau, où elle fit sa nouvelle entrée le 27 juillet, à 4 heures 1/2, par la route de Bizanos. Un nouvel arc de triomphe avait été élevé près du vieux pont qui sépare cette commune de la ville. La fille de Louis XVI fut reçue avec le même cérémonial qu'à sa première visite. Elle ne descendit plus à la Préfecture, mais chez la marquise de Gontaut-Biron, gouvernante des enfants de France, dont l'hôtel, aujourd'hui démoli, occupait l'emplacement où a été élevée depuis l'église Saint-Martin. Cette fois, la princesse séjourna à Pau quatre jours pleins, qu'elle employa à visiter le Château, le parc et à parcourir les environs (1).

Ce n'était pas la première fois qu'Alfred de Vigny voyait la duchesse d'Angoulême ; ayant fait partie des dragons rouges et de la garde royale, il avait approché la famille du roi ; aussi ces réceptions ne laissèrent-elles qu'une bien faible impression dans son esprit. Ce qui en eut une beaucoup plus durable, et d'un tout autre genre, ce sont les démêlés fort graves que, dès le départ de la princesse, son régiment eut avec les habitants du pays, ce qui ne fut pas pour les lui faire apprécier de prime abord. Avouons même, que les premiers rapports qu'il eut avec eux, furent loin d'être amicaux, ce qui se comprend sans peine. Une de ses lettres que nous reproduisons un peu plus loin est là pour en témoigner.

A peine installés à Pau, et disséminés dans trois

---

(1) *Mémorial Béarnais*, juillet 1823. — H. BARTHETY : *Le berceau d'Henri IV*.

casernements différents — au Château, — dans les cloîtres de l'ancien couvent des Orphelines situés dans la rue du même nom, aujourd'hui démolis, et dans les bâtiments du couvent de Notre-Dame, tranformés depuis en pensionnat des Ursulines, — les pauvres soldats du 55me de ligne se virent en butte à l'animosité de la population. Le dimanche qui suivit leur arrivée, une altercation assez grave eut lieu entre eux et quelques jeunes gens de la ville, à la sortie de la dernière messe de l'église St-Jacques, déjà alors le rendez-vous de la jeunesse dorée de la ville. Le dimanche suivant, 1er août, des rixes, suivies de batailles en règle, éclatent entre civils et militaires, dans un bal champêtre, au village voisin de Jurançon, situé de l'autre côté du Gave. Les Béarnais ne s'avisent-ils pas de vouloir empêcher les soldats de danser ? Qu'aurait dit Paul-Louis Courier ? Ces rixes continuent, sur le chemin qui mène de ce village à Pau, sur le pont du Gave et sont suivies de rassemblements considérables à l'entrée de la ville, au nord du château, sur la place Gramont, où les militaires sont assaillis à coups de pierres. La nuit vient enfin mettre un terme momentané à ces luttes, mais elles recommencent le lendemain lundi, jour de marché, plus violentes et plus acharnées que la veille. Les officiers ne pouvaient plus sortir de chez eux, sans être menacés et même frappés par la populace. Alfred de Vigny, comme ses camarades, était exaspéré de tels procédés et demandait que justice leur fût rendue. On l'essaya et les principaux meneurs de cette échauffourée furent traduits devant les assises. Avons-nous besoin d'ajouter qu'ils furent acquittés ? Le seul journal existant alors à Pau, le *Mémorial Béarnais*, finit la série d'articles consacrés par lui à cette affaire par ces lignes suggestives que nous citons avec bonheur : « Il est prouvé jusqu'à l'évidence que ces événements ne tiennent en aucune manière à la politique, et que les Béarnais, fidèles imitateurs de leurs ancêtres, se font toujours remarquer par leur amour et leur dévoûment à la famille adorée de nos rois (1) ».

Disons encore que l'armée ne tint pas rancune à la population de son attitude à son égard, car, quelques jours après, un violent incendie venant à éclater, ce furent les officiers du 55me en tête de leurs hommes qui, sans avoir été commandés de service, furent les premiers sur les lieux du sinistre (2).

Ces luttes avec le peuple étaient des plus pénibles à Alfred de Vigny, nature fine et délicate, s'il en fut, qui, avec l'instinctive horreur de la foule, qu'il tenait de sa mère, détestait les querelles. Il en souffrait plus qu'un autre et cherchait à se consoler de tous ces ennuis, par son culte de l'art dont il n'oublia jamais les lois imprescriptibles et qu'il fit toujours passer avant tout.

Voici d'ailleurs une lettre de lui, écrite à la suite de ces événements, à un de ses amis, J.-B. Soulié (3), rédacteur en chef du journal *La Quotidienne*, dans laquelle il lui donne ses impressions sur les troubles

---

(1) *Mémorial Béarnais*, dernier trimestre 1823.
(2) *Mémorial Béarnais*, dernier trimestre 1823.
(3) Soulié (Jean-Baptiste-Augustin), littérateur et journaliste, né à Castres en 1780, mort à Paris en 1845. — Prit part au mouvement royaliste de Bordeaux du 12 mars 1814 et fonda dans cette ville le *Mémorial Bordelais*, la *Ruche d'Aquitaine* et la *Ruche politique*. Il vint à Paris en 1820, collabora à *La Quotidienne* et fut nommé conservateur de la bibliothèque de l'Arsenal. Il a donné aussi une édition des poésies de Charles d'Orléans, père de Louis XII.

auxquels il venait d'assister et lui témoigne en même temps son regret d'être si loin de Paris et de ses amis, dont il est sans nouvelles.

A M. Soulié, rédacteur en chef de *La Quotidienne*,

rue des Bons Enfants,

a Paris.

Pau, 28 Août 1824.

Je vous écris mystérieusement, mon cher ami ; lors de votre première persécution, je crains que ma lettre ne soit tombée entre les mains de ces misérables. Vous voici encore martyr, mais vous l'êtes d'une foi qui ne peut pas périr plus que l'autre, et je profite de la liberté des manuscrits qui existe encore, pour vous prier d'insérer dans *La Quotidienne* le peu de mots que vous trouverez ici. Vous savez quels troubles ont eu lieu à Pau ; ils étaient préparés depuis longtemps contre ce régiment dont l'opinion est celle des Vendéens et de la Garde : notre première offense fut le « *Domine Salvum* » ; la pauvre ville d'Henri IV est envahie par les libéraux que n'ont jamais osé contenir des autorités débiles ; elles ont essayé un jour de punir, tout en tremblant, un scandale dans une église, par un jour de prison ; et, pour venger le roi des Halles, les Halles se sont armées de pierres et ont lâchement écrasé quelques soldats isolés. Tout ce qui se fait et ne se fait pas est, en vérité, bien pitoyable. Si vous êtes aimable, vous m'écrirez un peu et me parlerez du grand homme qui a laissé la France sans ministres. Vous me direz aussi si notre Charles

Nodier se souvient de moi et vous dit quelquefois qu'il a un ami dans les Pyrénées. Les belles montagnes et l'air pur et les douces couleurs de ce soleil me consolent un peu des habitants que je ne peux aimer, quoi que je fasse. Ma *Bible*, quelques gravures anglaises me suivent comme mes pénates, et *je passe de mon gré à ma plume*, ici comme partout. Je ne sais rien de Paris, où l'on dit qu'on m'excommunie, comme je vous l'avais prédit, et je travaille comme si l'on devait me lire ; chacun a ses illusions et ses besoins. Adieu, souvenez-vous de moi et prouvez-le moi.

Alfred de VIGNY.

M. Michaud (1) s'arme-t-il pour une nouvelle croisade ? Les infidèles sont encore dans notre camp et autour, à ce qu'il me semble (2).

Nous ne voulons pas analyser cette lettre, encore moins la commenter, cela nous mènerait ailleurs et plus loin que nous ne voudrions aller. Rappelons seulement que c'était l'époque de la Chambre Introuvable et bientôt retrouvée, du fameux ministère de Villèle, du rétablissement de la Censure, du malheureux procès intenté à Michaud refusant de vendre sa part de propriété de *La Quotidienne*. De tout ce dont parle ici Alfred de Vigny, nous ne voulons retenir que ce qui se rapporte à son séjour en Béarn. Contentons-nous donc de dire que ce roi des Halles, dont il est question à propos des trou-

---

(1) Michaud (Joseph-François), littérateur, auteur de l'*Histoire des Croisades*, membre de l'Académie Française, né à Albens (Savoie) en 1767, mort à Paris en 1839.

(2) *Intermédiaire des Chercheurs*............ 26 novembre 1882.

bles de Pau, était un certain Beauvais-Poque (1), sorte de bretteur qui, quelque temps auparavant, avait été à Bayonne se battre avec un officier de la Garde et qui a écrit trois brochures aussi longues et diffuses que peu claires, pour expliquer la part prise par lui à ces tristes événements.

Nous ne savons si ces ennuis de la vie de garnison en furent la cause. Toujours est-il que la santé d'Alfred de Vigny subit alors une sérieuse atteinte. Il tomba assez gravement malade, comme en témoigne cet extrait de son journal : « Etant malade aujourd'hui, j'ai brûlé, dans la crainte des éditeurs posthumes : une tragédie de *Roland*, une de *Julien l'Apostat* et une d'*Antoine et de Cléopâtre*, essayées, griffonnées, manquées par moi de dix-huit à vingt ans. Il n'y avait de supportable dans *Roland* qu'un vers sur Jésus-Christ :

Fils exilé du Ciel, tu souffres au désert. » (2)

Il se remit assez péniblement ; rendons-lui la parole : « Je sors d'une longue maladie qui avait les symptômes du choléra. Je suis étonné de ne pas être mort. J'ai souffert en silence des douleurs horribles, je croyais bien me coucher pour mourir. Mon sursis est prolongé, à ce qu'il me semble. » (3).

Malgré tout, Alfred de Vigny conserva un sou-

---

(1) Beauvais-Poque né le 25 octobre 1793, à Pontacq (Basses-Pyrénées), colonel dans les gardes d'honneur aux journées de juillet 1830, fut plus tard commandant du Château de Pau.

(2) *Journal d'un Poète*.

(3) *Journal d'un Poète*.

venir durable de la pittoresque capitale du Béarn (4).
Pau était, à cette époque déjà lointaine, une modeste ville de moins de 10.000 habitants, aux rues étroites et tortueuses dominée par son vieux château féodal. Celui-ci avait échappé jusqu'alors aux restaurations maladroites qui, en le rendant d'un accès plus facile, lui ont enlevé en grande partie le caractère si précieux et si particulier qu'il avait encore au commencement de ce siècle.

De la ville, on y arrivait par un vieux pont étroit couvert de lierre, aboutissant à une poterne percée dans une haute muraille, dont les assises curieusement agencées, étaient formées alternativement de briques et de cailloux roulés du Gave. Cette poterne donnait accès dans la grande cour triste et froide, au milieu de laquelle se voyait un puits à large margelle, surmonté d'une curieuse ferronnerie.

Du côté du midi, tout était lumière et clarté. En face de la terrasse du Château, la chaîne des Pyrénées, les riches côteaux de Gelos et de Jurançon, le cours sinueux du Gave ; immédiatement au-dessous, la vieille tour en ruines de la Monnaie et les pittoresques masures qui entouraient la place où, à la fin de la belle saison, les troupeaux de la vallée d'Ossau se reposaient avant de se répandre dans les landes du Pont-Long, formaient tout en-

---

(4) Quoique vivant assez en dehors de la Société du Pays, Alfred de Vigny ne laissa pas à Pau, de fréquenter avec quelques Béarnais. Parmi ceux-ci, nous devons citer en première ligne M. Picot, avoué près le Tribunal de Première Instance, poète patois d'un vrai talent, chez lequel il allait assez fréquemment. Le fils de M. Picot, conservateur du Musée de la ville, nous a maintes fois raconté, l'avoir, dans son enfance, entendu jouer de la harpe dans le salon paternel.

semble un spectacle inoubliable bien fait pour frapper l'imagination de notre poète.

A l'ouest, une basse poterne permettait de descendre aux magnifiques quinconces de la Basse-Plante et d'arriver au parc, où *Lou Nouste Henric* vagabondait dans sa libre enfance. C'est sous les colonnades de ses chênes superbes, de ses hêtres séculaires, dans ses allées tortueuses qui dominent la merveilleuse vallée du Gave, avec ses montagnes tantôt bleues, tantôt violettes, couvertes de neige, pour horizon, qu'Alfred de Vigny aimait à égarer ses pas.

Malgré la différence de situation, qui était peut-être alors encore plus sensible qu'aujourd'hui, en entrant comme capitaine au 55me de ligne, notre capitaine rencontra dans sa compagnie un simple soldat, G. Pauthier (1), qui devint plus tard, il est vrai, un savant sinologue, avec lequel il se lia vite, attiré vers lui par un goût commun pour les études littéraires et une antipathie commune pour la vie désœuvrée et vide du militaire en temps de paix. Quelque étonnante que puisse paraître cette camaraderie entre le noble officier assez dédaigneux et froid d'ordinaire et le simple soldat, elle montre combien chez cet esprit d'élite, l'amour de l'art tenait de place et rapprochait les distances. A Pau

---

(1) Pauthier (Jean-Pierre-Guillaume), né le 4 octobre 1801 à Besançon. — Orientaliste ; publia d'abord deux volumes de poésies : *Mélodies et Chants d'Amour* et *Helléniennes*, s'adonna à partir de 1830 à l'étude des langues orientales et publia un grand nombre de travaux sur la philosophie de Confucius, sur les livres sacrés de l'Orient, sur le Koran, etc. Il collabora au *Journal Asiatique*, à la *Revue d'Orient*, au *Dictionnaire des Sciences philosophiques*, à l'*Encyclopédie des gens du monde*, etc., etc. Pauthier fut un des exécuteurs testamentaires d'Alfred de Vigny.

A. DE VIGNY
d'après un portrait du Musée Carnavalet

— était-il en cela encouragé par son ami? nous en doutons un peu — Pauthier faisait imprimer les premiers bégaiements de sa muse dans le *Mémorial Béarnais* (1). Il les signait fièrement en faisant suivre son nom de son titre de caporal et plus tard de celui de sergent au 55me, car il avait eu de l'avancement.

M. H. Barthety, dans son volume si documenté sur le *Berceau d'Henri IV* (2), reproduit une pièce de vers de Pauthier; nous y renvoyons le curieux, tout en l'avertissant que M. H. Barthety qualifie cette production d'assez médiocre ; il n'a peut-être pas absolument tort. Alfred de Vigny devait retrouver plus tard à Paris ce camarade de garnison. Il assistait notamment avec lui à l'enterrement de son ami Charles Nodier, le 20 janvier 1844. La liaison de ces deux hommes de situation si dissemblable devait durer toute leur vie; la mort seule les sépara. Devenus inséparables, ils parcoururent de concert les environs de Pau (3), devisant par les sombres allées du Parc, ou admirant ensemble « les belles montagnes, les douces couleurs de ce soleil (4) ». C'est encore ensemble qu'ils assistèrent à cet orage pyrénéen si merveilleusement décrit dans *Cinq Mars*. Écoutons plutôt : « L'orage était dans toute sa force, et c'était un orage des Pyrénées ; d'immenses éclairs partaient ensemble des quatre points de l'horizon et leurs feux se succédaient

(1) *Mémorial Béarnais*, 5 octobre 1824.

(2) H. Barthety: *Le berceau d'Henri IV*.

(3) Est-ce à Pau qu'Alfred de Vigny découvrit ce portrait d'Henri de Navarre enfant (Henri IV) que l'on voyait dans son salon de la rue des Ecuries-d'Artois et qui a été reproduit dans le *Magasin Pittoresque* de l'année 1848 ? Nous l'ignorons.

(4) Lettre d'Alfred de Vigny à Soulié, citée plus haut.

si vite, qu'on ne voyait pas l'intervalle et qu'ils paraissaient immobiles et durables. Seulement la voûte flamboyante s'éteignait quelquefois tout à coup, puis reprenait ses lueurs constantes. Ce n'était plus la flamme qui semblait étrangère à cette nuit, c'était l'obscurité. L'on eût dit que dans ce ciel naturellement lumineux, il se faisait des éclipses d'un moment, tant les éclairs étaient longs et tant leur absence était rapide. Les pics allongés et les rochers blanchis se détachaient sur ce fond rouge comme des blocs de marbre sur une coupole d'airain, brûlant et simulant au milieu des frimas les prodiges du volcan ; les eaux jaillissaient comme des flammes, les neiges s'écoulaient comme une lave éblouissante (1). »

En cette année 1824, Alfred de Vigny était dans toute la splendeur de cette beauté, que la vieillesse même respecta. Son front haut, un peu fuyant et légèrement déprimé vers les tempes, était abrité par des cheveux blonds, ondulés, fins et luisants : ses yeux bleus de mer avaient une douceur infinie et semblaient ne pas voir ce qui se passait autour de lui ; le nez ferme et droit, la bouche petite, ordinairement entr'ouverte ; le menton d'un dessin superbe, montrant seul la fermeté et la volonté, corrigeant ce que le reste du visage aurait peut-être eu de trop angélique ou d'efféminé, pour un soldat. Sa voix bien timbrée et musicale était presque constamment grave et égale. De taille moyenne, l'uniforme lui seyait et il le portait avec l'aisance du gentilhomme et la correction du militaire,

Nous arrivons à un moment décisif dans la vie d'Alfred de Vigny, à son mariage. Il avait déjà, d'ailleurs, pensé à cet acte solennel, peu de temps

(1) *Cinq Mars.*

auparavant. Admis chez Mme Sophie Gay, il s'était vite épris de la fulgurante beauté de sa fille Delphine.

De son côté, la blonde Muse n'était point restée insensible aux charmes du poète gentilhomme et guerrier. Madame Sophie Gay n'avait point vu cet attrait réciproque et cet attachement naissant des deux jeunes gens, l'un pour l'autre, d'un œil défavorable. Elle n'aurait pas demandé mieux que de voir clore cette idylle par un bon mariage. Mais la mère d'Alfred de Vigny ne pensait pas de la même façon ; la fille de l'amiral de Baraudin ne voulut pas donner son consentement à une union qu'elle considérait comme une mésalliance. Ce projet n'eut donc point d'autres suites.

Une lettre — écrite en 1823 par Madame Sophie Gay à son amie, Madame Desbordes-Valmore, cette autre Muse, alors à Bordeaux, où venait d'arriver le régiment d'Alfred de Vigny en route pour les Pyrénées, — nous exprime les regrets de la mère et le chagrin de la fille. Quoique cette lettre soit un peu longue, nous ne croyons pas pouvoir faire autrement que d'en citer les principaux passages : « Ce charmant Émile Deschamps connaît aussi M. de Vigny et je présume qu'en ce moment il vous a déjà amené le poète guerrier. Je vous le dis bien bas, c'est le plus aimable de tous, et malheureusement, un jeune cœur qui vous aime tendrement et que vous protégez beaucoup, s'est aperçu de cette amabilité parfaite. Tant de talent, de grâces, joint à une bonne dose de coquetterie, ont enchanté cette âme si pure, et la poésie est venue déifier tout cela. La pauvre enfant était loin de prévoir qu'une rêverie si douce lui coûterait des larmes ; mais cette rêverie s'emparait de sa vie. Je l'ai vu, j'en ai tremblé, et après m'être assurée que ce rêve ne pouvait se réaliser, j'ai hâté le réveil. — Pourquoi? me direz-vous. — Hélas! il le fallait. Peu de fortune de chaque côté : de l'un, assez d'ambition, une mère ultra, vaine de son titre, de son fils, et l'ayant déjà promis à une parente riche (1) en voilà plus qu'il ne faut pour triompher d'une admiration plus vive que tendre; de l'autre, un sentiment si pudique qu'il ne s'est jamais trahi que par une rougeur subite, et dans quelques vers où la même image se reproduisait sans cesse. Cependant le refus de plusieurs partis avantageux m'a bientôt éclairée ; j'en ai demandé la cause et je l'ai, pour ainsi dire, révélée par cette question. Vous la connaissez et vous l'entendez me raconter naïvement son cœur. Le mien en était cruellement ému..... Comment, pensais-je, n'est-on pas ravi d'animer, de troubler une personne semblable ? Comment ne devine-t-on pas, ne partage-t-on pas ce trouble? Et malgré moi j'éprouve une sorte de rancune pour celui qui dédaigne tant de biens. Sans doute il ignore l'excès de cette préférence, mais il en sait assez, pour regretter un jour d'avoir sacrifié le plus divin sentiment qu'on puisse inspirer, aux méprisables intérêts du grand monde. Voilà une confidence qui prouve tout ce que vous êtes pour moi, chère amie, et je n'ai pas besoin de vous recommander le secret. Mais, je dois à ce malentendu de la société un chagrin de tous les jours et que vous seule pouvez bien comprendre. Si vous voyez cet Alfred, parlez-lui de nous, et regardez-le : il me semble impossible qu'un certain nom ne flatte pas son oreille. Il a de l'amitié pour moi et je lui en conserve de mon côté, à travers

---

(1) Il est à croire que la parente riche n'a existé que dans l'imagination de Mme Sophie Gay.

mon ressentiment caché. Je suis sûre que vous le partagerez un peu et que vous ne lui pardonnerez pas de ne point l'adorer. Leurs goûts, leurs talents, s'accordaient si bien ! » Un peu plus tard, dans une nouvelle lettre datée de Villiers, du 14 octobre 1823, Madame Sophie Gay dit encore à Madame Desbordes-Valmore sur ce même sujet qui lui tient tant à cœur, après avoir lu le beau poème de *Dolorida* auquel, d'ailleurs, elle ne marchande pas les éloges :

« C'est divin n'est-ce pas ? Il nous l'avait déjà dite et redite même. Eh bien ! j'ai trouvé encore plus de plaisir à la lire. C'est une composition, un tableau admirable. Le moyen de se distraire d'un démon qui se rappelle à vous par de tels souvenirs ! Delphine attend avec impatience votre avis sur cette *Dolorida* ; elle espère se dédommager en citant votre suffrage ; de là, la contrainte qu'elle éprouve en n'osant donner hautement le sien. J'ai reçu une lettre charmante de l'auteur ; mais, comme il met les numéros tout de travers, elle ne m'est parvenue qu'après des courses sans fin. J'aurais été désolée de la perdre, car elle contient des choses ravissantes pour vous. J'avais bien prévu qu'il vous sentirait comme moi, c'est la personne du monde la plus sensible à la grâce et à l'esprit. Aussi, plus j'y pense et plus je me dis : c'est dommage. Le voilà en Catalogne (1), dit-on. La paix ne le ramènera-t-elle pas ? Je vais lui répondre au hasard, sans savoir où le trouver. Si vous en savez quelque chose, vous me le direz. N'est-il pas bien ridicule de courir ainsi toujours malade ? (2) » Et encore cet extrait d'une

(1) C'est une erreur, puisque durant toute la campagne de l'armée du duc d'Angoulême, Alfred de Vigny et son régiment restèrent en Béarn.
(2) Alfred de Vigny comme l'on a vu plus haut venait d'être très gravement malade.

dernière lettre de cette pauvre belle-mère à la recherche de ce gendre récalcitrant, et nous nous arrêterons sur ce sujet; celle-ci est datée du 11 novembre de la même année : « Vous connaissez sans doute le *Satan* de M. de Vigny ? On dit que c'est ravissant de grâce et de scélératesse. L'auteur vient à Paris. S'il ne m'apporte ni lettres, ni vers de vous, nous l'étranglerons. Ainsi conservez au monde un homme aimable et un talent divin. » N'eût-il point été dommage de laisser de côté, quoiqu'elles aient déjà été citées par Ste-Beuve (1), ces lettres de l'ancienne amie de Madame Tallien, qui avait bien un peu conservé la façon de penser, pour ne pas dire plus, d'une contemporaine et d'une intime de Notre-Dame de Thermidor ?

Mais revenons à notre poète qui semble avoir assez facilement pris son parti de cette velléité matrimoniale et aussi philosophiquement cédé la place à Emile de Girardin, cet homme d'affaires hors ligne qui n'avait rien de l'artiste assoiffé de l'au-delà. D'ailleurs son tour devait venir bientôt. Pendant son séjour à Pau, dont nous parlions tout à l'heure (2) Alfred de Vigny rencontra deux jeunes anglaises, Miss Lydia Bunbury et sa sœur Alicia, venues dans la capitale du Béarn avec leur père M. Hughues-Mill Bunbury qui, séduit par la beauté du pays et la douceur du climat, avait loué rue Royale, aujourd'hui rue du Lycée, un appartement

---

(1) Sainte-Beuve : *Nouveaux Lundis*.
(2) Entre temps, Alfred de Vigny fut présenté au Cte B. de F. qui habitait un vieux manoir aux confins de la Gascogne et du Béarn, non loin de St-Sever, par l'abbé de Montesquiou, ami commun des Vigny et des B. de F. Le Cte B. de F. avait, entre autres enfants, une fille charmante d'une vingtaine d'années qui attira l'attention de notre capitaine. Il la demanda en mariage ; mais, pour

dans l'hôtel Xaintrailles (1) dont la superbe position permet de jouir à souhait du panorama des Pyrénées et de la vallée du Gave.

Alfred de Vigny s'éprit vite de l'aînée de ces deux jeunes filles, Miss Lydia, d'une beauté grave et majestueuse, quoique d'un aspect un peu froid et solennel, et il ne tarda pas à la demander en mariage. Le père de la jeune fille, vieil Anglais plu-

LE VIEUX PONT D'ORTHEZ

sieurs fois millionnaire, qui avait fait sa fortune dans les colonies, ne vit pas cette demande d'un bon œil. Il fit même tout son possible pour s'oppo-

---

des raisons dans lesquelles nous n'avons pas à entrer, sa demande ne fut pas agréée.

(1) Aujourd'hui propriété de M. Emile Lèbre.

ser à l'union de sa fille avec notre poète, ne pouvant admettre dans sa pensée de la voir unie à un officier français et, circonstance aggravante, à un officier français s'occupant de littérature. Il crut cependant, suivant l'habitude de sa nation, ne pas avoir le droit de s'opposer absolument au mariage de sa fille et, quand il vit que toutes ses observations et objurgations étaient inutiles, il donna son consentement à une union qu'il considérait comme une mésalliance.

Entre temps, le régiment retourna à Orthez, le ministère ayant trouvé avec raison que la garnison de Pau n'était plus tenable pour lui. Alfred de Vigny demanda alors un congé pour venir à Pau faire sa cour à sa fiancée, dès qu'il fut définitivement agréé par le terrible M. Bunbury — congé qu'il obtint (1).

Le mariage suivit de près et eut lieu au commencement de l'année suivante, le 3 février 1825 ; il eût même été célébré un peu plus tôt, si la mort de Louis XVIII ne l'eût retardé.

C'est le vicomte Ch. de Perpigna, alors maire de Pau, qui présida à la cérémonie civile. Voici d'ailleurs la teneur de l'acte officiel relevé aux archives de l'Etat-civil :

L'an 1825, le troisième jour de février, à 8 heures du soir, par devant nous, Charles-Marie de Perpi-

---

(1) Alfred de Vigny eut toujours un faible pour les Anglaises. Vers 1834 ou 35, il arriva un jour mystérieusement dans l'atelier de Jean Gigoux, le prévenir qu'il reviendrait entre quatre et cinq heures. « Je vous amènerai, mon cher, une anglaise » dit-il au peintre. « Vous me ferez d'elle un croquis, n'est-ce pas ; elle va partir et je voudrais conserver quelque chose d'elle. » Bien entendu le croquis fut fait. Quelle était cette Anglaise ? Nous n'aurons pas l'indiscrétion de chercher à le savoir.

gna (1), chevalier royal de l'ordre de la Légion d'honneur, Maire et officier de l'Etat Civil de la ville de Pau, département des Basses-Pyrénées, se sont présentés à l'hôtel de la Mairie :

D'une part :

M. Alfred-Victor comte de Vigny, capitaine au 55ᵉ régiment d'infanterie de ligne en congé à Pau, né à Loches, département d'Indre-et-Loire, le 27 mars 1797, fils légitime et majeur de feu M. Léon-Pierre Comte de Vigny, ancien officier d'infanterie et chevalier de St-Louis, décédé à Paris le 23 juillet 1816, et de Mᵐᵉ Marie-Jeanne-Amélie de Baraudin, son épouse, domiciliée à Paris.

Et d'autre part :

Mademoiselle Lydia-Jane de Bunbury, actuellement avec Monsieur son père à Pau, née à Demerary, dans la Guyanne, le 6 avril 1799, fille légitime et majeure de M. Hughues-Mill Bunbury, propriétaire et rentier, et de feue Mᵐᵉ Lydia-Prisca Cox, son épouse, décédée à Demerary le 4 novembre 1802, le dit M. Hughues-Mill Bunbury, domicilié à Pau.

Lesquelles parties nous ont demandé de procéder à la célébration de leur mariage annoncé par les publications faites devant la principale porte de notre Hôtel de la Mairie, les dimanches 9 et 16 du mois de janvier dernier, à l'heure de midi, et dont l'extrait fut et resta affiché à la susdite porte pendant les 8 jours d'intervalle de l'une à l'autre publication, sans qu'aucune opposition audit mariage nous ait été signifiée. Déférant à leur demande,

---

(1) Charles vicomte de Perpigna, né à Pau en 1777, mort le 1ᵉʳ novembre 1840 dans son domaine de Guiraudet, sur les coteaux de Jurançon. Maire de Pau une première fois du 11 avril 1814 au 19 mai 1815, et, une seconde, du 14 juillet 1816 au 23 août 1830, c'est-à-dire pendant toute la durée de la Restauration.

nous nous sommes fait remettre les actes de naissance des futurs époux, ainsi que ceux de décès du père du futur époux et de la mère de la future épouse ; l'acte authentique du consentement de Madame Jeanne-Amélie de Baraudin, comtesse de Vigny et enfin, la permission de mariage, délivrée le 27 janvier dernier par S. E. le Ministre secrétaire d'Etat de la guerre. Nous avons pris et reçu le consentement de M. Hughues-Mill Bunbury, père de la future épouse, et, après avoir fait aux parties contractantes et aux témoins lecture des pièces ci-dessus mentionnées qui ont été paraphées par nous, Maire et officier de l'Etat Civil et par les parties qui les ont produites, ainsi que du chapitre VI du Code Civil, titre du mariage,

Nous avons pris et reçu la déclaration de M. Alfred-Victor comte de Vigny, futur époux, et de Mlle Lydia-Jane Bunbury, future épouse, qu'ils veulent se prendre pour mari et femme, et nous avons prononcé au nom de la loi que M. Alfred-Victor comte de Vigny et Lydia-Jane Bunbury sont unis par le mariage. Nous avons sur le champ dressé cet acte en présence de :

M. Hughues-Mill Bunbury, père de l'épouse, âgé de 62 ans ;

De M. Jean-Armand-Henri-Alexandre marquis de Gontaut-Biron, lieutenant général des armées du roi, président de l'Association paternelle de l'ordre royal et militaire de Saint-Louis et du Mérite militaire, âgé de 65 ans ;

De M. Jean-Alexandre de Duplaà, sous-intendant militaire, chevalier de l'ordre royal et militaire de Saint-Louis et de l'ordre royal de la Légion d'honneur, ainsi que de celui de Charles III d'Espagne, âgé de 40 ans ;

De M. Hipolyte-Martin Dargainaratz, chevalier de l'ordre royal et militaire de Saint-Louis et de l'ordre royal de la Légion d'honneur, secrétaire honoraire du roi, à la conduite des ambassadeurs, âgé de 58 ans ;

De M. William-Howe Mulcaster, capitaine de haut bord, au service de Sa Majesté Britannique, chevalier de l'ordre honorable et militaire de

Bath (1), chevalier-commandeur de l'ordre de la Tour et de l' pée du Portugal et membre de l'ordre Ottoman du Croissant, âgé de 41 ans ;

De M. John Robertson, capitaine de haut bord au service de Sa Majesté Britannique, âgé de 42 ans ;

Et de M. Thomas Rynd, major au service de Sa Majesté Britannique, âgé de 46 ans ;

Tous demeurant à Pau, lesquels ont signé avec nous, Maire et officier de l'État-Civil, les époux et le père de l'épouse, le tout après lecture faite publiquement aux parties contractantes et aux témoins tant du présent acte que de ceux y énoncés.

SIGNÉ AU REGISTRE :

Le comte Alfred de Vigny — Lydia-Jane Bunbury — Le marquis de Gontaut-Biron — J. Robertson — Duplaà — Dargainaratz — Wm-Howe Mulcaster — J. Knigth — Séjonné — Le baron de Boyrie — Marie Gardner — Marion Campbell — Alicia Bunbury — Sophia Mulcaster.
Perpigna.

Extrait du registre des mariages célébrés à Pau en 1825, folio 7, verso, et folio 8, recto et verso.

Quoique cet acte soit long et fastidieux à lire dans son style administratif, nous n'avons pas cru devoir l'écourter, vu les nombreux détails curieux et intéressants qu'il renferme sur Alfred de Vigny et sa femme et les renseignements qu'il donne sur leurs relations.

Nous voyons d'abord que pas un officier de son régiment ne servit de témoin à notre poète dans cette cérémonie, comme c'est assez l'usage. Pour quelle cause ? Nous n'en savons rien. Il est juste,

---

(1) Ordre du Bain.

cependant, de remarquer qu'à la signature du contrat dressé par M⁰ Sorbé, notaire à Pau (1), qui avait précédé le mariage à la mairie de quelques heures, en plus des témoins que nous trouvons ci-dessus, figure au premier rang le comte de Fontanges, colonel du 55me, venu d'Orthez à cet effet.

Par ce contrat, le régime de la communauté était adopté par les deux époux, ainsi que le gain de survie de la totalité de leurs biens, en quelques lieux qu'ils soient situés, sauf bien entendu, la réduction légale en cas d'existence d'enfants, ce qui fut inutile puisqu'ils n'en eurent point. Il n'y est fait mention d'aucun apport de part ni d'autre (2).

Une remarque à faire, c'est que cet acte fut dressé en double minute. Alfred de Vigny espérait obtenir la faveur de le faire signer par le roi. Il était alors dans toute la ferveur de ses sentiments royalistes. Arriva-t-il au résultat souhaité? Nous l'ignorons.

Mais revenons au mariage à la mairie et constatons que les témoins qui ont apposé leur signature au bas de cet acte sont loin d'être les premiers venus et peuvent être comptés parmi les personnages les plus marquants à Pau.

C'est d'abord comme nous l'avons vu, le marquis Armand de Gontaut-Biron, auparavant aide-major avec rang de colonel au régiment des Gardes Françaises, alors lieutenant-général, qui avait épousé Mlle de Palerme et hérité en 1793 des biens et titres de la branche aînée des Gontaut-Biron.

Il mourut l'année suivante, laissant deux fils.

---

(1) Enregistré le 4 février 1825 ; les droits furent : 5 fr. pour le mariage et 5 fr. pour le gain de survie.

(2) L'étude de M⁰ Sorbé. transmise successivement après lui à M⁰ Laborde et à M⁰ Laforgue, a pour titulaire aujourd'hui M⁰ Maisonnier.

C'est ensuite M. de Duplaà, issu d'une ancienne famille parlementaire de Béarn, propriétaire de la terre et du château d'Escout, près Oloron, sous-intendant militaire en 1825. Il fit, deux ans après, en 1827, partie de l'expédition que le gouvernement envoya en Morée, fut plus tard nommé intendant, puis revint enfin à Pau, où il mourut fort âgé, sans s'être jamais marié, dans son bel hôtel situé au coin de la rue du Lycée et de la rue Saint-Louis, aujourd'hui propriété de son neveu le vicomte de Nays-Candau.

Le troisième témoin d'Alfred de Vigny, M. Dargainaratz, né à Saint-Jean-de-Luz, appartenait à une vieille famille du Pays basque : après avoir rempli la charge d'introducteur des ambassadeurs à la Cour, il vint se retirer à Pau, où il mourut à un âge très avancé, avec une nièce, fille d'un frère aîné, qui ne se maria jamais. Elle vécut jusqu'à 80 ans et jusqu'à ses derniers jours reçut l'élite de la Société Béarnaise dans le petit appartement qu'elle habitait dans la haute maison qui fait l'angle des rues Préfecture et des Cordeliers. Beaucoup d'entre nous se souviennent de cette charmante octogénaire, aussi spirituelle que bonne, dont la conversation était si intéressante et si instructive.

Mais arrivons aux témoins de Miss Lydia Bunbury. C'étaient trois officiers supérieurs de l'armée britannique. Un major de l'armée de terre Thomas Rynd et deux capitaines de haut bord, grade équivalant à peu près à celui de capitaine de vaisseau chez nous : John Robertson et William-Howe Mulcaster tous deux brillants officiers, arrivés à ce grade élevé fort jeunes encore, puisque John Robertson, le plus âgé des deux, n'avait que 42 ans. Pour William Howe-Mulcaster, d'un an plus jeune, comme nous l'avons vu, il était chevalier du Bain, cet ordre militaire si apprécié à juste titre, et, de plus, haut dignitaire de divers ordres étrangers. Nous trouvons aussi diverses autres signatures de parents et d'amis au-dessous de l'acte de mariage d'Alfred de Vigny ; d'abord celle du baron de Boyrie, dernier représentant d'une ancienne famille béarnaise aujourd'hui éteinte. Le baron de Boyrie, qui avait été un bretteur enragé dans sa jeunesse, est resté jusqu'à sa mort, arrivée il y a une trentaine d'années, le type du parfait gentilhomme de l'ancien régime, fidèle à l'inscription gravée sur la porte de son hôtel et qu'y avaient fait sculpter ses ancêtres : « *Deum timite, regem honorificate.* » Incarcéré sous la Terreur, il ne dut qu'au 9 Thermidor d'échapper à l'échafaud.

Bon nombre de Palois se souviennent encore de ce grand vieillard, portant la tête toujours un peu inclinée sur l'épaule, les cheveux relevés en aile de pigeon, vêtu hiver comme été d'un habit bleu tant soit peu usé et les mains constamment croisées derrière le dos, agitant un jonc à pomme d'or guillochée.

Viennent ensuite les signatures de la sœur de la mariée, Alicia Bunbury, de deux de ses amies, Marion Campbell et Mary Gardner, de la femme ou de la sœur du capitaine Mulcaster, Sophia Mulcaster, etc.

Malgré nos recherches, nous n'avons point trouvé trace dans les registres de baptêmes et de mariages des deux paroisses de Pau, Saint-Martin et Saint-Jacques, du mariage d'Alfred de Vigny.

Nous n'avons connaissance que d'une cérémonie protestante célébrée, trois jours après le mariage civil, le 8 février, par le pasteur réformé d'Orthez, Gabriac, venu à cet effet à Pau, qui n'avait point encore de temple protestant.

En voici d'ailleurs la preuve, fournie par cet acte extrait des registres de l'église réformée d'Orthez, que nous transcrivons malgré le peu de renseignements nouveaux qu'il puisse nous fournir :

Le huitième février 1825, nous, pasteur président de l'Eglise consistoriale des Basses-Pyrénées, à la résidence d'Orthez, avons béni dans la ville de Pau le mariage dûment enregistré d'après la loi, entre M. Alfred-Victor de Vigny comte de Vigny, capitaine au 55me régiment d'infanterie de ligne, en congé à Pau, né à Loches, département d'Indre-et-Loire, le 27 mars 1797, fils légitime de feu M. Léon-Pierre comte de Vigny, ancien officier d'infanterie, chevalier de Saint-Louis, et de Mme Marie-Jeanne-Amélie de Baraudin, son épouse, domiciliée à Paris ; et d'autre part, Mlle Lydia-Jane de Bunbury, actuellement avec Monsieur son père à Pau, née à Demerary dans la Guyanne, le 6 avril 1799, fille légitime de M. Hughues-Mill Bunbury, propriétaire et rentier, et de feue Mme Lydia-Prisca Cox, son épouse. Présents : nombre de personnes, parents et amis des parties. En foi de quoy., etc...

Signé : GABRIAC, pasteur.

Extrait du 4e registre des baptêmes et des mariages de l'église réformée d'Orthez.

Mlle Bunbury, entre autres valeurs moins aléatoires ou d'un rapport plus sûr, avait apporté en dot à son mari une île de la Polynésie peuplée de sauvages anthropophages. Alfred de Vigny n'essaya pas de faire valoir ses droits. très sérieux cependant, et appuyés d'actes émanant du *Forcign Office*, sur cette terre Océanienne. Peut-être trouva-t-il le voyage nécessaire pour les affirmer, trop long et trop fatigant. Il est probable qu'il fit sagement en y renonçant et en agissant comme il le fit, car nul doute que les habitants de son domaine n'eussent été disposés, le jour où il lui eût pris fantaisie de faire acte de propriétaire, à le recevoir à coups de flèches plus ou moins empoisonnées et même, s'ils eussent pu se saisir de sa personne, à le mettre à la broche et à le manger, sans autre cérémonie. Est-ce à ce titre de propriété, est-ce plutôt à une paternité mystérieuse que fait allusion Théodore de Banville dans ses *Souvenirs*, quand, parlant de Mme de Vigny, il dit que, belle, majestueuse, elle avait tout d'une fille de roi? Nous sommes dans l'impossibilité d'élucider la question; la seule chose que nous puissions assurer, c'est qu'un frère de son père, le Colonel Bunbury, fut gouverneur de la Jamaïque. Ce personnage, très répandu dans la haute société Londonienne, présenta plus tard, le 6 novembre 1826, Alfred de Vigny à Walter Scott, alors à Paris à l'hôtel Windsor (1).

Le dire et les souvenirs de ceux qui ont plus ou moins approché Madame de Vigny sont loin d'être unanimes à son égard et, si les uns la disent belle et riche, les autres sont d'un avis tout opposé. Si nous nous en rapportons aux *Souvenirs littéraires* d'Edouard Grenier (2), elle était non-seulement loin d'être belle et distinguée, mais elle n'était même pas riche, et ce n'aurait été qu'une fois le mariage

---

(1) *Journal d'un Poète.* — Dans une lettre à sa petite cousine, la Vicomtesse du Plessis, datée du 10 Novembre 1850 et, écrite de son domaine de Maine Giraud, Alfred de Vigny parle de son oncle anglais le général Bunbury, gouverneur de la Jamaique — Lettres inédites d'Alfred de Vigny — *Revue des Deux Mondes* — Janvier 1897.

(2) Edouard Grenier — *Souvenirs littéraires* — *Revue Bleue* — 1er juillet 1893. — *Autour de l'Académie.*

accompli, que le poète aurait appris que les espérances de fortune que l'on avait fait miroiter à ses yeux étaient vaines et chimériques. On racontait à ce propos, paraît-il, aux soirées de Charles Nodier, que pour expliquer à son mari l'erreur dans laquelle elle l'avait laissée sur sa véritable situation elle lui aurait dit, dans un langage de petit nègre, en lui sautant au cou : « Oh, je avé trompé vô, parce que je aimé vô. » Malgré tout ce que ce mot a de douloureusement comique, et peut-être même pour cela, nous ne serions nullement étonné qu'il ait été fait dans ce milieu si malin et si spirituel de l'Arsenal. Sans doute, Madame de Vigny n'apporta point à son mari toute la fortune sur laquelle il avait pensé pouvoir compter ; sans doute, comme nous le verrons plus loin, son beau-père en mourant déshérita le jeune ménage ; mais, de là à rien, il y a loin. Ce qui a donné naissance à ces bruits de situation précaire de Madame de Vigny, c'est qu'elle avait enfoui au fond de sa corbeille un procès qui dura près de 30 ans, et que lorsque l'on finit « par où l'on aurait dû commencer, par une transaction, il était trop tard ; escomptée d'avance par des provisions nécessaires, » par les dépenses du ménage, cette fortune se trouva considérablement diminuée et assez modeste, loin, il faut bien le reconnaître, de ce qu'elle aurait dû être. Maintenant, pour en revenir à la peu galante accusation formulée par Edouard Grenier contre la femme de notre poète, d'avoir été laide, nous nous insurgeons contre elle, d'autres autorités que la sienne nous ont fixé à cet égard. Ce qui est vrai, c'est qu'avec l'âge, sa beauté disparut, et, dans les dernières années de sa vie, M. L. Ratisbonne qui l'a connue alors assure qu'elle était « massive, hommasse, comme nouée et demi aveugle, et, avait autant de peine à se mouvoir qu'à parler (1). Qu'elle ne sût point à merveille la langue française, c'est fort possible, nous n'y contredirons pas. Camille Doucet a dit avec beaucoup d'esprit : « Sachant très mal le français, elle le parlait très peu, tandis que M. de Vigny, qui savait assez bien l'anglais pour le traduire, le parlait très mal (2) » ; ce qui pourtant ne les empêcha pas de s'entendre. Alfred de Vigny traita d'ailleurs toujours sa femme avec des égards que l'on considérerait peut-être aujourd'hui comme un peu surannés : « Chaque fois qu'elle devait quitter pour un instant le salon » dit Théodore de Banville, « pour veiller à quelque détail domestique, avec ces façons de bonne ménagère qui se sont conservées chez les seules grandes dames, le poète lui offrait la main et la conduisait jusqu'à la porte, comme à la cour, ou comme dans les comédies. De même, quand elle rentrait, il marchait vers elle, et, après l'avoir saluée, la ramenait cérémonieusement à son fauteuil. (3) »

Mais ce fait se rapporte plutôt aux dernières années du ménage qu'à celles dont nous nous occupons ; revenons donc au père de Madame de Vigny (4).

(1) Lettres inédites d'Alfred de Vigny, *Revue des Deux Mondes* — 1 Janvier 1897.
(2) C. Doucet — Discours de réception à l'Académie Française — 22 février 1866.
(3) Th. de Banville : *Souvenirs*.
(4) Alfred de Vigny pensa sans doute à son beau-père quand il décrivit cette figure de Beckford qui tient un rôle important dans l'épisode de Chatterton de *Stello*.
Le passage que voici nous le prouve surabondamment :
« J'entends la voix creuse et douce de Chatterton, qui fit cette singulière réponse en saccadant ses paroles et s'arrêtant à chaque phrase :
» L'Angleterre est un vaisseau, notre île en a la forme la proue tournée au Nord, elle est comme à l'ancre au mi-

Ce brave Anglais était d'une excentricité rare, même pour un sujet de Sa Majesté Britannique,

lieu des mers, surveillant le continent. Sans cesse, elle tire de ses flancs d'autres vaisseaux faits à son image et qui vont la représenter sur toutes les côtes du monde. — Mais c'est à bord du grand navire qu'est notre ouvrage à tous. — Le roi, les lords, les communes sont au pavillon, au gouvernail et à la boussole ; nous autres, nous devons tous avoir la main aux cordages, monter aux mâts, tendre les voiles et charger les canons ; nous sommes tous de l'équipage et nul n'est inutile dans la manœuvre de notre glorieux navire..... *Well, very well,* cria le gros Beckford, c'est bien, mon enfant ! c'est noblement représenter notre bienheureuse patrie !

» *Rule Britannia !* chanta-t-il, en fredonnant l'air national. Mais mon garçon, je vous prends par vos paroles. Que diable peut faire le poète dans la manœuvre ? — Chatterton resta dans sa première immobilité...

» Il leva seulement les yeux au plafond et dit :

» Le poète cherche aux étoiles quelle route nous montre le doigt du Seigneur.

» Le Beckford eut de l'humeur.

» Imagination, dit-il..... toujours l'imagination au lieu du bon sens et du jugement ! Pour être poète à la façon lyrique et somnambule dont vous l'êtes, il faudrait vivre sous le ciel de Grèce, marcher avec des sandales, une chlamyde et les jambes nues et faire danser les pierres avec le psaltérion.

» Mais avec des bottes crottées, un chapeau à trois cornes, un habit et une veste, il ne faut guère espérer se faire suivre, dans les rues, par le moindre caillou et exercer le plus petit pontificat ou la plus légère direction morale sur ses concitoyens.

» La poésie est à nos yeux une étude de style assez intéressante à observer, et faite quelquefois par des gens d'esprit : mais qui la prend au sérieux ? Quelque sot ! Outre cela, j'ai retenu ceci de Ben Johnson, et je vous le donne comme certain, savoir : que la plus belle muse du monde ne peut suffire à nourrir son homme, et qu'il faut avoir ces demoiselles pour maîtresses, mais jamais pour femmes. Vous avez essayé de tout ce que pouvait donner la vôtre ; quittez-la, mon garçon, croyez-moi, mon petit ami. »

Stello.

parmi lesquels pourtant, l'excentricité est assez commune. Comme depuis son retour des Colonies, il passait son existence à parcourir le continent ; que les malles-poste et les berlines ne lui semblaient pas toujours suffisamment suspendues ; qu'elles ne passaient pas souvent par les chemins qu'il aurait désiré parcourir ; qu'elles allaient vite, quand il aurait désiré aller lentement ; lentement, quand il aurait désiré aller vite ; que les auberges ou cabarets qu'il rencontrait sur sa route ne lui donnaient pas, la plupart du temps, le confort sur lequel il pensait devoir compter, il s'était décidé à faire construire une sorte de roulotte de saltimbanque avec laquelle il parcourait l'Europe. Il n'est pas nécessaire d'ajouter que cet étrange véhicule, d'une dimension respectable, était superbement installé, contenant : salon, salle à manger, chambres à coucher, cuisine et le reste. Aussi, dans ses pérégrinations, un site lui semblait-il intéressant, un point de vue curieux, avait-il le désir de s'arrêter pour dîner ou pour passer la nuit, on dételait, sans s'inquiéter autrement de l'endroit où on se trouvait, quitte à repartir une heure, un jour, un mois plus tard. Est-ce ainsi que cet étonnant voyageur vint à Pau ? Nous manquons de renseignements à cet égard. Est-ce par ce procédé qu'il arriva plus tard, un autre jour, à Florence ? Nous l'ignorons encore. Toujours est-il que là-bas, comme étranger de marque, il fut invité à dîner chez Lamartine, alors secrétaire d'ambassade et faisant l'intérim pendant un congé de M. de la Maisonfort, ministre de France auprès du Grand Duc de Toscane. A la table d'un poète, même quand il s'avise d'être un homme politique, rien d'étonnant à ce que l'on parle poésie. C'est ce qui eut lieu. Au milieu de la conversation, M. Bunbury se laissa aller à dire qu'il avait une fille mariée à un poète français. Vite Lamartine de lui demander le nom de son gendre. Il l'avait oublié et il fallut que l'on nommât tous les poètes de ce temps les uns après les autres, pour que, lorsque le nom d'Alfred de Vigny fut prononcé, il finisse par murmurer qu'il pensait bien que c'était lui (1). S'il ne se souvint pas du nom du mari de sa fille, ce jour-là, il s'en souvint quand il écrivit son testament, mais cette fois pour le déshériter. Ce bonhomme, à la rancune tenace, mourut en novembre 1838.

C'est peu de temps après son mariage qu'Alfred de Vigny écrivit dans sa forme définitive cette merveilleuse ballade en l'honneur du paladin Roland « *Le Cor* » dont les vers, purs et limpides comme l'eau jaillissante des gaves de la montagne, resteront à jamais, avec leur douceur infinie, dans la mémoire de ceux qui goûtent la poésie.

Dieu ! que le son du cor est triste au fond des bois (2) !

Dans le *Journal d'un Poète*, nous trouvons deux pièces de vers d'une très belle inspiration, datées du 13 décembre 1822 « Le *Berceau* et le *Rêve* (3) » dédiées toutes deux à Mlle Marie de Clerambault,

---

(1) *Petite Revue*, 1863-64.
(2) *Poèmes Antiques et Modernes*. — Ce poème avait longtemps hanté l'esprit d'Alfred de Vigny. La première pensée lui en était venue dès son arrivée dans les Pyrénées, comme le prouve une lettre écrite par lui en 1823 deux ans plus tôt, à son ami A. de St-Valry, dont nous avons déjà eu l'occasion de parler.
(3) *Journal d'un Poète*.

alors âgée de 20 jours, dont la famille était liée avec celle de la mère d'Alfred de Vigny. Un Clerambault avait été amiral en même temps que le grand-père de notre poète. Ces vers ont été écrits avant l'arrivée d'Alfred de Vigny en Béarn ; mais, chose curieuse, une branche de cette famille de Clerambault vint se fixer à Pau 30 ans plus tard, vers 1852.

Nous voici arrivés au terme de la tâche que nous nous sommes imposée. Peu après son mariage, Alfred de Vigny rejoint à Orthez son régiment qui reçoit l'ordre de retourner dans le Nord. Deux ans après, « ennuyé du plat service de la paix (1) » le 22 avril 1827, notre capitaine se fait réformer pour raison de santé. Les notes militaires qui le présentaient comme un officier de la plus grande distinction, ne l'ont pas empêché, après 14 ans de service, de se retirer simple capitaine, avec 9 ans de grade. « Les événements que j'attendais (2) » dit-il, « ne me vinrent pas aussi grands qu'il me l'aurait fallu ; qu'y faire ? » « J'étais indépendant d'esprit et de parole, » dit-il encore, « j'étais sans fortune et poète. Triple titre à la défaveur (3). » Quelque vraies et justes que puissent être ces réflexions du militaire désenchanté, elles n'empêchèrent pas notre poète de regretter plus tard, malgré les déboires qu'elles lui avaient causés, ces belles années de sa jeunesse, où il resta l'épée dans le fourreau au pied des Pyrénées, où il écrivit ces poèmes du *Déluge*, de *Dolorida*, du *Cor* (4), où il composa *Cinq Mars* et eut la pre-

---

(1) *Journal d'un Poète.*
(2) *Journal d'un Poète.*
(3) *Journal d'un Poète.*
(4) *Poèmes Antiques et Modernes.*

mière pensée de *Servitude et Grandeur Militaire* ; car pour lui alors :

La terre était riante et dans sa fleur première.
Le Déluge (1)

a-t-il dit.

Est-ce bien vrai ? Il est permis d'en douter. Son pessimisme sans réserve de plus tard, semble déjà le posséder, en partie du moins. Son poème du *Déluge*, où Dieu châtie indifféremment le juste et le méchant ; son livre de *Stello*, complètement composé dans ses grandes lignes, sinon écrit, puisqu'il ne le fut définitivement qu'en 1832, sans parler de *Cinq Mars*, sont là pour témoigner que sa doctrine de résignation et de stoïcisme, n'espérant rien de la vertu, était déjà ancrée en lui.

Voici encore une lettre écrite à la même époque au poète Brizeux, le tendre chantre de *Marie* et des *Bretons*, par Alfred de Vigny, qui explique plus longuement la raison de sa détermination de quitter l'armée. Il est bon d'ajouter que l'aisance, pour ne pas dire plus, que lui avait apportée son mariage avec Miss Lydia Bunbury lui facilita les moyens d'exécuter ce projet : « Vous avez raison », dit-il donc à Brizeux, « de vous représenter ma vie militaire comme vous le faites. L'indignation que me causa toujours la suffisance dans les hommes si nuls qui sont revêtus d'une dignité ou d'une autorité, me donna, dès le premier jour, une sorte de froideur révoltée avec les grades supérieurs et une extrême affabilité avec

---

(1) *Poèmes Antiques et Modernes.*

les inférieurs et les égaux. Cette froideur parut à tous les ministères possibles une opposition permanente, et ma distraction naturelle et l'état de somnambulisme où me jette en tout temps la poésie, passèrent quelquefois pour du dédain de ce qui m'entourait. Cette distraction était pourtant, comme elle l'est encore, ma plus chère ressource contre l'ennui, contre les fatigues

Pont de Sainte-Marie a Oloron

mortelles dont on accablait mon pauvre corps si délicatement conformé et qui aurait succombé à de plus longs services ; car après treize ans, le commandement me causait des crachements de sang assez douloureux. La distraction me soutenait, me berçait, dans les rangs, sur les grandes routes, au camp, à cheval, à pied, en commandant même, et me parlait à l'oreille de poésie et d'émotions divines nées de l'amour, de la philosophie et de l'art. Avec une indifférence cruelle, le gouvernement à la tête duquel se succédaient mes amis et jusqu'à mes parents, ne me donna qu'un grade pendant treize ans, et je le dus à l'ancienneté, qui me fit passer capitaine à mon tour. Il est vrai que dès qu'un homme de ma connaissance arrive au pouvoir, j'attends qu'il me cherche, et je ne le cherche plus. J'étais donc bien déplacé dans l'armée. Je portais la petite *Bible* que vous avez vue, dans le sac d'un soldat de ma compagnie. J'avais *Eloa*, j'avais tous mes poèmes dans ma tête, ils marchaient avec moi, par la pluie, de Strasbourg à Bordeaux, de Dieppe à Nemours et à Pau ; et quand on m'arrêtait, j'écrivais... »

Cette lettre ne fait, en bien des points, que confirmer et appuyer ce que nous avons déjà dit : cette froideur pour les officiers supérieurs de son régiment et cette extrême affabilité qu'elle exprime, pour les inférieurs explique une fois de plus sa liaison avec Pauthier, ce simple soldat devenu son ami. Elle nous donne encore de précieux renseignements sur sa santé toujours frêle et délicate.

Nous n'avons pas à suivre Alfred de Vigny à Paris, pas plus que dans son manoir gothique de Maine Giraud, qu'il tenait de sa mère et où il aimait à aller évoquer le souvenir de ses ancêtres. Disons seulement que dès l'année de son retour à Paris en 1826, parurent les *Poèmes Antiques et Modernes*, dans lesquels se trouvent *le Cor, Dolorida, le Déluge*. Déjà, en 1822, il avait fait imprimer un court volume de vers. En 1826 encore, la même année que les *Poèmes Antiques et Modernes*, il livra au public *Cinq Mars*, dont quatre éditions en deux ans, n'épuisèrent pas le succès, et qui fut immédiatement traduit en Italien, en Anglais, et même en Russe, quoiqu'il ne fût pas encore question de l'alliance Moscovite. Le triste sort de l'amant de Marie de Gonzague et de son ami de Thou « fit verser bien des larmes à tous les beaux yeux de l'Europe (1) ». *Stello* parut en 1834 ; *Servitude et Grandeur militaire* l'année suivante, en 1835. Six ans auparavant, Alfred de Vigny avait abordé le théâtre en faisant représenter au Théâtre-Français une adaptation de Shakespeare, *Othello*, le premier drame romantique qui parut sur la scène ; en 1833, il donna une petite comédie « *Quitte pour la peur* », qui, sous une forme légère, traitait une question des plus sérieuses et des plus épineuses ; en 1835, *Chatterton* qui fut un événement littéraire et dont la préface écrite en une nuit, a soulevé de graves polémiques ; en 1838, la *Maréchale d'Ancre*. Il écrivit encore *Shylock*, nouvelle adaptation de Shakespeare, qui ne fut pas représenté. Puis, il se tut pendant 20 ans, peu soucieux du bruit, se renfermant en pleine gloire dans une hautaine solitude dont il ne sortit qu'une fois, en 1845, pour entrer à l'Académie Française. C'est alors que M. Molé, répondant à son discours de réception, lui dit durement combien peu il comprenait un grand esprit et un noble cœur, qui, comme lui, n'avait d'autre ambition que celle d'être un homme de lettres et un gentilhomme.

En 1855, il se décida à publier les *Consultations du Docteur Noir* ; puis ce fut tout. Désenchanté, triste, désillusionné, ne croyant plus guère à l'idéal et à la gloire, tout en continuant de les adorer, ne

---

(1) ANATOLE FRANCE : *Alfred de Vigny*.

croyant pas davantage au bonheur, à peine à Dieu, il laissa la vieillesse venir, demeurant dans une hautaine solitude, loin de toute intimité. Comme l'a dit J. Sandeau dans sa spirituelle réponse à C. Doucet, lors de la réception de cet homme aimable et accueillant qui succéda à Alfred de Vigny à l'Académie Française (1): « Vous regrettiez tout à l'heure de ne pas avoir vécu dans la familiarité de M. de Vigny; consolez-vous ; M. de Vigny n'a vécu dans la familiarité de personne, pas même de lui. »

La mort trouva Alfred de Vigny, mais ne le surprit pas, dans le triste et sévère appartement qu'il occupait rue des Écuries d'Artois, dans ce quartier où il avait passé sa jeunesse, le 17 décembre 1863, à l'âge de 67 ans (2).

Il mourut calme et digne, enveloppé dans son vieux manteau de soldat que l'on s'imagine doublé d'hermine. Si Alfred de Vigny, dans sa désespérante conception de la vie, considéra dans son œuvre et dans ses conversations l'auteur du monde comme une sorte de criminel, il ne persévéra pas jusqu'à la fin dans cette idée qu'on lui a généralement prêtée. Dans sa dernière maladie, il se refusa d'abord, il est vrai, à recevoir un prêtre, mais sa nièce, Mme du Pré de Saint-Maur, obtint cependant qu'il acceptât la visite d'un ecclésiastique, se confessât et reçût les der-

---

(1) JULES SANDEAU: Réponse au discours de Camille Doucet, lors de la réception de ce dernier à l'Académie Française.

(2) Voici ce que dit E. de Goncourt d'un jugement prononcé par Sainte-Beuve sur Alfred de Vigny, lors de sa mort: « Quant j'entends Sainte-Beuve, avec ses petites phrases, toucher à un mort, il me semble voir des fourmis envahir un cadavre ; il vous nettoie une gloire en dix minutes et laisse du monsieur illustre un squelette bien net. » — *Journal des Goncourt*.

niers sacrements. Il fut enterré au cimetière Montmartre, et, conformément à sa volonté, aucun discours ne fut prononcé sur sa tombe. Six mois auparavant, sa femme, la fidèle compagne de sa vie, avait terminé sa longue existence de souffrance. Malade, presque dès le lendemain de son mariage, les soins affectueux de son mari ne lui avaient jamais fait défaut. Elle avait eu sa part de ses succès et de ses déboires.

Alors seulement parut le volume des *Destinées*, véritable testament de poète qui a voulu finir par ce chant du cygne, fidèle à cette devise qu'on lui a entendu répéter souvent et qui le peint tout entier :

« Il ne faut désirer la popularité que dans la postérité et non pas dans le temps présent. »

Nous venons de parler de chant du cygne à propos des *Destinées*, le mot est juste ; comme l'a si bien dit Théophile Gautier, « on se représente involontairement Vigny comme un cygne nageant le col un peu replié en arrière, les ailes à demi gonflées par la bise, sur un de ces lacs aux eaux transparentes et diamantées des parcs anglais (1) ».

PAUL LAFOND

(1) TH. GAUTIER : *Moniteur Universel*, 28 septembre 1863.

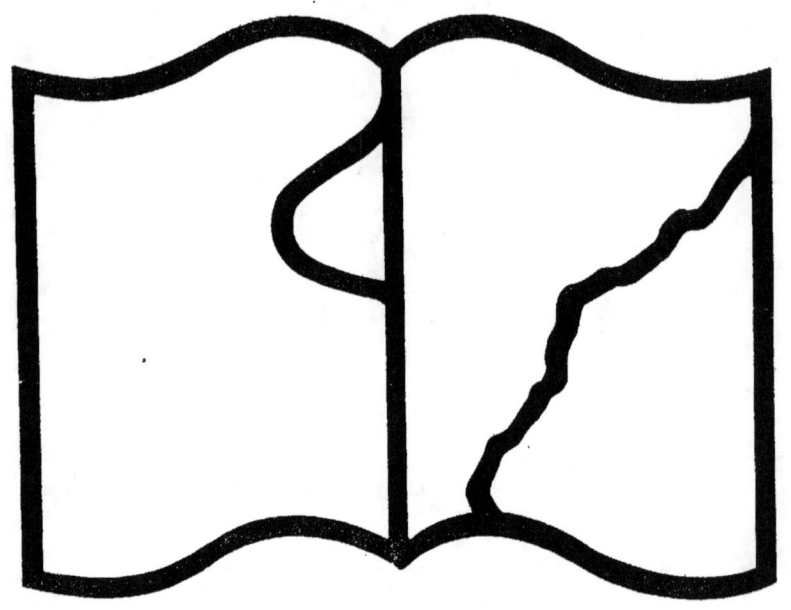

Texte détérioré — reliure défectueuse
NF Z 43-120-11